MON JOLI CARNET DE

# Mots de passe

*Pour ne plus rien oublier !*

# SOMMAIRE

## CATÉGORIES DES MOTS DE PASSE :          PAGE :

# MOTS DE PASSE Boîte(s) Mail(s)

NOM DU SITE :

IDENTIFIANT :

MOT DE PASSE :

ADRESSE EMAIL UTILISÉE:

---

NOM DU SITE :

IDENTIFIANT :

MOT DE PASSE :

ADRESSE EMAIL UTILISÉE:

---

NOM DU SITE :

IDENTIFIANT :

MOT DE PASSE :

ADRESSE EMAIL UTILISÉE:

NOTES :

NOM DU SITE :

IDENTIFIANT :

MOT DE PASSE :

ADRESSE EMAIL UTILISÉE:

---

NOM DU SITE :

IDENTIFIANT :

MOT DE PASSE :

ADRESSE EMAIL UTILISÉE:

---

NOM DU SITE :

IDENTIFIANT :

MOT DE PASSE :

ADRESSE EMAIL UTILISÉE:

NOTES :

# MOTS DE PASSE Boite(s) Mail(s)

NOM DU SITE :

IDENTIFIANT :

MOT DE PASSE :

ADRESSE EMAIL UTILISÉE:

---

NOM DU SITE :

IDENTIFIANT :

MOT DE PASSE :

ADRESSE EMAIL UTILISÉE:

---

NOM DU SITE :

IDENTIFIANT :

MOT DE PASSE :

ADRESSE EMAIL UTILISÉE:

NOTES :

# NOTES

# MOTS DE PASSE Réseaux Sociaux

NOM DU SITE :

IDENTIFIANT :

MOT DE PASSE :

ADRESSE EMAIL UTILISÉE:

---

NOM DU SITE :

IDENTIFIANT :

MOT DE PASSE :

ADRESSE EMAIL UTILISÉE:

---

NOM DU SITE :

IDENTIFIANT :

MOT DE PASSE :

ADRESSE EMAIL UTILISÉE:

## NOTES :

# MOTS DE PASSE Réseaux Sociaux

NOM DU SITE :

IDENTIFIANT :

MOT DE PASSE :

ADRESSE EMAIL UTILISÉE:

---

NOM DU SITE :

IDENTIFIANT :

MOT DE PASSE :

ADRESSE EMAIL UTILISÉE:

---

NOM DU SITE :

IDENTIFIANT :

MOT DE PASSE :

ADRESSE EMAIL UTILISÉE:

NOTES :

# MOTS DE PASSE Administratifs

NOM DU SITE :

IDENTIFIANT :

MOT DE PASSE :

ADRESSE EMAIL UTILISÉE:

---

NOM DU SITE :

IDENTIFIANT :

MOT DE PASSE :

ADRESSE EMAIL UTILISÉE:

---

NOM DU SITE :

IDENTIFIANT :

MOT DE PASSE :

ADRESSE EMAIL UTILISÉE:

NOTES :

# MOTS DE PASSE Administratifs

NOM DU SITE :

IDENTIFIANT :

MOT DE PASSE :

ADRESSE EMAIL UTILISÉE:

NOM DU SITE :

IDENTIFIANT :

MOT DE PASSE :

ADRESSE EMAIL UTILISÉE:

NOM DU SITE :

IDENTIFIANT :

MOT DE PASSE :

ADRESSE EMAIL UTILISÉE:

NOTES :

# MOTS DE PASSE Administratifs

NOM DU SITE :

IDENTIFIANT :

MOT DE PASSE :

ADRESSE EMAIL UTILISÉE:

---

NOM DU SITE :

IDENTIFIANT :

MOT DE PASSE :

ADRESSE EMAIL UTILISÉE:

---

NOM DU SITE :

IDENTIFIANT :

MOT DE PASSE :

ADRESSE EMAIL UTILISÉE:

NOTES :

NOM DU SITE :

IDENTIFIANT :

MOT DE PASSE :

ADRESSE EMAIL UTILISÉE:

---

NOM DU SITE :

IDENTIFIANT :

MOT DE PASSE :

ADRESSE EMAIL UTILISÉE:

---

NOM DU SITE :

IDENTIFIANT :

MOT DE PASSE :

ADRESSE EMAIL UTILISÉE:

NOTES :

# NOTES

NOM DU SITE :

IDENTIFIANT :

MOT DE PASSE :

ADRESSE EMAIL UTILISÉE:

---

NOM DU SITE :

IDENTIFIANT :

MOT DE PASSE :

ADRESSE EMAIL UTILISÉE:

---

NOM DU SITE :

IDENTIFIANT :

MOT DE PASSE :

ADRESSE EMAIL UTILISÉE:

NOTES :

NOM DU SITE :

IDENTIFIANT :

MOT DE PASSE :

ADRESSE EMAIL UTILISÉE:

---

NOM DU SITE :

IDENTIFIANT :

MOT DE PASSE :

ADRESSE EMAIL UTILISÉE:

---

NOM DU SITE :

IDENTIFIANT :

MOT DE PASSE :

ADRESSE EMAIL UTILISÉE:

NOTES :

# NOTES

# MOTS DE PASSE *Ventes Privées*

NOM DU SITE :

IDENTIFIANT :

MOT DE PASSE :

ADRESSE EMAIL UTILISÉE:

---

NOM DU SITE :

IDENTIFIANT :

MOT DE PASSE :

ADRESSE EMAIL UTILISÉE:

---

NOM DU SITE :

IDENTIFIANT :

MOT DE PASSE :

ADRESSE EMAIL UTILISÉE:

NOTES :

NOM DU SITE :

IDENTIFIANT :

MOT DE PASSE :

ADRESSE EMAIL UTILISÉE:

---

NOM DU SITE :

IDENTIFIANT :

MOT DE PASSE :

ADRESSE EMAIL UTILISÉE:

---

NOM DU SITE :

IDENTIFIANT :

MOT DE PASSE :

ADRESSE EMAIL UTILISÉE:

NOTES :

# NOTES

# MOTS DE PASSE Shopping

NOM DU SITE :

IDENTIFIANT :

MOT DE PASSE :

ADRESSE EMAIL UTILISÉE:

---

NOM DU SITE :

IDENTIFIANT :

MOT DE PASSE :

ADRESSE EMAIL UTILISÉE:

---

NOM DU SITE :

IDENTIFIANT :

MOT DE PASSE :

ADRESSE EMAIL UTILISÉE:

NOTES :

# MOTS DE PASSE Shopping

NOM DU SITE :

IDENTIFIANT :

MOT DE PASSE :

ADRESSE EMAIL UTILISÉE:

---

NOM DU SITE :

IDENTIFIANT :

MOT DE PASSE :

ADRESSE EMAIL UTILISÉE:

---

NOM DU SITE :

IDENTIFIANT :

MOT DE PASSE :

ADRESSE EMAIL UTILISÉE:

NOTES :

# MOTS DE PASSE Shopping

NOM DU SITE :

IDENTIFIANT :

MOT DE PASSE :

ADRESSE EMAIL UTILISÉE:

NOM DU SITE :

IDENTIFIANT :

MOT DE PASSE :

ADRESSE EMAIL UTILISÉE:

NOM DU SITE :

IDENTIFIANT :

MOT DE PASSE :

ADRESSE EMAIL UTILISÉE:

NOTES :

# MOTS DE PASSE Shopping

NOM DU SITE :

IDENTIFIANT :

MOT DE PASSE :

ADRESSE EMAIL UTILISÉE:

---

NOM DU SITE :

IDENTIFIANT :

MOT DE PASSE :

ADRESSE EMAIL UTILISÉE:

---

NOM DU SITE :

IDENTIFIANT :

MOT DE PASSE :

ADRESSE EMAIL UTILISÉE:

NOTES :

NOM DU SITE :

IDENTIFIANT :

MOT DE PASSE :

ADRESSE EMAIL UTILISÉE:

---

NOM DU SITE :

IDENTIFIANT :

MOT DE PASSE :

ADRESSE EMAIL UTILISÉE:

---

NOM DU SITE :

IDENTIFIANT :

MOT DE PASSE :

ADRESSE EMAIL UTILISÉE:

NOTES :

# MOTS DE PASSE Shopping

NOM DU SITE :

IDENTIFIANT :

MOT DE PASSE :

ADRESSE EMAIL UTILISÉE:

---

NOM DU SITE :

IDENTIFIANT :

MOT DE PASSE :

ADRESSE EMAIL UTILISÉE:

---

NOM DU SITE :

IDENTIFIANT :

MOT DE PASSE :

ADRESSE EMAIL UTILISÉE:

NOTES :

# MOTS DE PASSE Shopping

NOM DU SITE :

IDENTIFIANT :

MOT DE PASSE :

ADRESSE EMAIL UTILISÉE:

---

NOM DU SITE :

IDENTIFIANT :

MOT DE PASSE :

ADRESSE EMAIL UTILISÉE:

---

NOM DU SITE :

IDENTIFIANT :

MOT DE PASSE :

ADRESSE EMAIL UTILISÉE:

NOTES :

# MOTS DE PASSE Shopping

NOM DU SITE :

IDENTIFIANT :

MOT DE PASSE :

ADRESSE EMAIL UTILISÉE:

---

NOM DU SITE :

IDENTIFIANT :

MOT DE PASSE :

ADRESSE EMAIL UTILISÉE:

---

NOM DU SITE :

IDENTIFIANT :

MOT DE PASSE :

ADRESSE EMAIL UTILISÉE:

NOTES :

# NOTES

# MOTS DE PASSE Divers

NOM DU SITE :

IDENTIFIANT :

MOT DE PASSE :

ADRESSE EMAIL UTILISÉE:

---

NOM DU SITE :

IDENTIFIANT :

MOT DE PASSE :

ADRESSE EMAIL UTILISÉE:

---

NOM DU SITE :

IDENTIFIANT :

MOT DE PASSE :

ADRESSE EMAIL UTILISÉE:

NOTES :

# MOTS DE PASSE Divers

NOM DU SITE :

IDENTIFIANT :

MOT DE PASSE :

ADRESSE EMAIL UTILISÉE:

---

NOM DU SITE :

IDENTIFIANT :

MOT DE PASSE :

ADRESSE EMAIL UTILISÉE:

---

NOM DU SITE :

IDENTIFIANT :

MOT DE PASSE :

ADRESSE EMAIL UTILISÉE:

NOTES :

# MOTS DE PASSE Divers

NOM DU SITE :

IDENTIFIANT :

MOT DE PASSE :

ADRESSE EMAIL UTILISÉE:

---

NOM DU SITE :

IDENTIFIANT :

MOT DE PASSE :

ADRESSE EMAIL UTILISÉE:

---

NOM DU SITE :

IDENTIFIANT :

MOT DE PASSE :

ADRESSE EMAIL UTILISÉE:

NOTES :

# MOTS DE PASSE Divers

---

NOM DU SITE :

IDENTIFIANT :

MOT DE PASSE :

ADRESSE EMAIL UTILISÉE:

---

NOM DU SITE :

IDENTIFIANT :

MOT DE PASSE :

ADRESSE EMAIL UTILISÉE:

---

NOM DU SITE :

IDENTIFIANT :

MOT DE PASSE :

ADRESSE EMAIL UTILISÉE:

---

NOTES :

# MOTS DE PASSE Divers

NOM DU SITE :

IDENTIFIANT :

MOT DE PASSE :

ADRESSE EMAIL UTILISÉE:

---

NOM DU SITE :

IDENTIFIANT :

MOT DE PASSE :

ADRESSE EMAIL UTILISÉE:

---

NOM DU SITE :

IDENTIFIANT :

MOT DE PASSE :

ADRESSE EMAIL UTILISÉE:

NOTES :

# MOTS DE PASSE Divers

NOM DU SITE :

IDENTIFIANT :

MOT DE PASSE :

ADRESSE EMAIL UTILISÉE:

---

NOM DU SITE :

IDENTIFIANT :

MOT DE PASSE :

ADRESSE EMAIL UTILISÉE:

---

NOM DU SITE :

IDENTIFIANT :

MOT DE PASSE :

ADRESSE EMAIL UTILISÉE:

NOTES :

# MOTS DE PASSE Divers

NOM DU SITE :

IDENTIFIANT :

MOT DE PASSE :

ADRESSE EMAIL UTILISÉE:

---

NOM DU SITE :

IDENTIFIANT :

MOT DE PASSE :

ADRESSE EMAIL UTILISÉE:

---

NOM DU SITE :

IDENTIFIANT :

MOT DE PASSE :

ADRESSE EMAIL UTILISÉE:

NOTES :

# MOTS DE PASSE Divers

---

NOM DU SITE :

IDENTIFIANT :

MOT DE PASSE :

ADRESSE EMAIL UTILISÉE:

---

NOM DU SITE :

IDENTIFIANT :

MOT DE PASSE :

ADRESSE EMAIL UTILISÉE:

---

NOM DU SITE :

IDENTIFIANT :

MOT DE PASSE :

ADRESSE EMAIL UTILISÉE:

NOTES :

# MOTS DE PASSE Divers

NOM DU SITE :

IDENTIFIANT :

MOT DE PASSE :

ADRESSE EMAIL UTILISÉE:

---

NOM DU SITE :

IDENTIFIANT :

MOT DE PASSE :

ADRESSE EMAIL UTILISÉE:

---

NOM DU SITE :

IDENTIFIANT :

MOT DE PASSE :

ADRESSE EMAIL UTILISÉE:

NOTES :

# NOTES